中华先贤人物故事汇

蔡伦

谭伟雄 著

中华书局

图书在版编目(CIP)数据

蔡伦/谭伟雄著. —北京:中华书局,2022.8(2023.9 重印)
(中华先贤人物故事汇)
ISBN 978-7-101-15652-2

Ⅰ.蔡…　Ⅱ.谭…　Ⅲ.蔡伦(？~121)-生平事迹
Ⅳ.K826.16

中国版本图书馆 CIP 数据核字(2022)第 035558 号

书　　名	蔡　伦	
著　　者	谭伟雄	
丛 书 名	中华先贤人物故事汇	
责任编辑	马　燕　董邦冠	
责任印制	管　斌	
出版发行	中华书局	
	(北京市丰台区太平桥西里38号　100073)	
	http://www.zhbc.com.cn	
	E-mail:zhbc@zhbc.com.cn	
印　　刷	三河市宏达印刷有限公司	
版　　次	2022 年 8 月第 1 版	
	2023 年 9 月第 2 次印刷	
规　　格	开本/787×1092 毫米　1/32	
	印张 3⅜　插页 2　字数 50 千字	
印　　数	3001-5000 册	
国际书号	ISBN 978-7-101-15652-2	
定　　价	20.00 元	

出版说明

孔子周游列国，创立儒家学说；张骞出使西域，开辟丝绸之路；书圣王羲之，留下了曲水流觞的佳话；诗仙李白，写下了"举头望明月，低头思故乡"的名篇；王安石为纠正时弊，推行变法；李时珍广集博采，躬亲实践，编撰医药学名著《本草纲目》……

这些杰出的历史人物，有的是在中华民族文明进程中做出过突出贡献、对后世产生过巨大影响的思想家、政治家，有的是对中华优秀传统文化的传承传播发挥过重大作用的文学家、艺术家、科学家，有的是为国家安定统一、民族融合团结和中外文化交流做出过杰出贡献的军事家、外交家……他们为中华民族的繁荣发展做出了伟大的贡献，他们的行为事迹、风范品格为当世楷模，并垂范后世。

他们是中华民族的先贤人物。他们的思想、品德、事迹，是中华优秀传统文化的结晶；他们的故事，是对中华民族的禀赋、特点和气质最生动、最鲜活的阐释；他们的名字，在五千年中华文明史上最为光彩夺目；他们为五千年中华文明史书写了最为光辉灿烂的篇章。

为了解先贤，走近先贤，我们精心组织编写了这套《中华先贤人物故事汇》丛书，以翔实可靠的史料为依据，细腻动人的故事为载体，真实地呈现中华先贤人物的事迹、品格和精神风貌，彰显他们的贡献和功绩，激发人们对国家民族的热爱，对中华文明、中华优秀传统文化的崇敬。

开卷有益，期待这套丛书成为你的良师益友。

目 录

导 读

　　蔡伦（61或63—121），字敬仲，桂阳郡耒阳县（今湖南郴州）人，出生于冶铁世家。蔡伦从小勤思好学，尤其对冶炼、铸造、种麻、养蚕等兴趣浓厚。及至少年，蔡伦已经颇具才学。

　　永平十八年（75），蔡伦经铁官推荐，进入皇宫当差。几年后，蔡伦升为小黄门，奉窦皇后之命监管宋贵人之事。建初七年（82），蔡伦被窦皇后利用陷害宋贵人，让汉章帝废掉太子刘庆，改立她的养子刘肇为太子。在蔡伦受命主审宋贵人案期间，宋氏姐妹在狱中自杀。

　　永元元年（89），汉和帝即位，蔡伦升迁为中常侍，成了传达诏令、掌理文书、参与朝政的高等宦官。因汉和帝年幼，窦皇后以皇太后身份临朝摄政。窦太后的哥哥窦宪及其兄弟擅威权，谋不轨，势倾朝野。心性秉直的蔡伦与郑众为扶助汉和帝，乘窦宪出征班师回朝之机，收窦宪大将军印，清除了专权的窦氏，巩固了汉和帝的统治。

永元九年（97），蔡伦兼任尚方令，其才学得以真正发挥。在他的带动下，尚方制作坊大幅改进剑、弩等器械的制作工艺。元兴元年（105），蔡伦改良造纸术，试制出轻薄柔韧，取材又相对容易、来源广泛、价格低廉的纸张，深受汉和帝推崇，这种纸张很快得以推广，被后世称为"蔡侯纸"。

同年，汉和帝在章德前殿驾崩。蔡伦和鄡乡侯郑众协助邓皇后扶幼子刘隆即皇帝位，邓皇后为皇太后，临朝摄政。至延平元年（106），不到两岁的殇帝刘隆驾崩。蔡伦和郑众又一起协助邓太后立刘祜为帝，并及时阻止了一场由司空周章预谋的政变。永初四年（110），邓太后选拔谒者仆射刘珍、谏议大夫及五经博士聚集于东观，校正各种典籍，派蔡伦监督此事。元初元年（114），邓太后念蔡伦劳苦功高，封他为龙亭侯，食邑三百户。后又让他担任长乐太仆一职。

建光元年（121），邓太后卒，汉安帝亲政。蔡伦因当初受窦太后利用，参与迫害汉安帝祖母宋贵人并致死和剥夺刘庆的皇位继承权而被审讯查办。汉安帝下令蔡伦到廷尉处认罪。蔡伦耻于受辱，沐浴后穿戴整齐，服毒而死。他的封地也随之被废除。

蔡伦一生中最精彩的时光，是在他任尚方令期间。经他改良的秘剑、弓弩等器物都达到了相当高的水准，尤其是造纸术的改良，使造纸术被列为中国古代"四大发明"之一，为人类文化的传播和世界文明的进步作出了杰出贡献，千百年来倍受世人的尊崇，蔡伦因此被后世奉为造纸鼻祖、"纸神"。

城南观井

  桂阳郡耒阳县城南有一口石砌的水井，长年清澈见底。因井水甘甜解渴，附近的百姓和过往的行人都喜欢到这里来取水、饮水。水井离蔡伦家不远，蔡伦每天上学必从这里路过。

  蔡伦出生于冶铁世家。自从桂阳郡设置铁官后，蔡家与铁官来往甚密。铁官主要负责管铁的冶炼、铸造、调运和贸易，桂阳郡的大铁官叫吴学，是蔡家的常客。吴学发现蔡伦喜欢读书舞剑，长得又乖巧可爱，因此对他甚是看重。每次来蔡家，吴学都会事先挑选一部书简，赠予蔡伦。蔡伦从小就对冶炼、铸造、种麻、养蚕、织布这些事情感兴趣，常常醉心于观察和研究。不过，他最感兴趣的还是读书，因为许多知识都来自前人的记述。尤其是对吴学赠送的书简，蔡伦总是爱不释手。在乡学期间，先生传授的是《诗经》《书经》《礼记》《论语》《尚书》《易经》《春秋》等。通过吴学赠送的书简，蔡伦又进一步扩大了眼界。与同龄人相比，他绝对算得上是博学多闻。

蔡伦在勤思苦学之余，偶尔会和乡学的同窗或独自一人到井台边玩耍。

有一回，蔡伦一动不动地伏在井沿上，两眼直勾勾地盯着井里。这一幕正好被骑马路过的吴学看见。吴学见状甚是奇怪，心想到底是什么让蔡伦如此着迷呢？为了弄清原委，吴学翻身下马，悄然来到蔡伦的身后。

吴学发现，令蔡伦着迷的是井水中有一团灰白色的混沌之物，它伏在水井的底部，随着井水细微的漾动，它也如棉絮般轻轻地摇曳。

蔡伦正看着水中之物发呆，如镜的井面却突然浮现出吴学的面容，蔡伦猛然起身回头道："原来是吴铁官！"

"敬仲如此忘我，想必这井里有什么稀罕之

物？"吴学笑问。

蔡伦道："吴铁官有所不知。数月前，我曾亲见有人不慎将一块麻布巾子遗落井中，不曾想今日再见时，那巾子已成了现在这个样子，也不知什么原因？"蔡伦边说边想起那天的情形。

那天天气有点炎热，蔡伦和一个小伙伴在井台边的那棵柳树下温习课业。一位肩头搭着一块麻布巾子的中年挑夫走了过来。挑夫灰头土脸，汗流浃背。他放下挑担径直来到井边，先是像水牛一样把头伸到井里，咕咚咕咚喝了一气，然后顺手取下肩头那条脏兮兮的巾子。看这架势，他是准备将巾子浸到井水里洗净用来擦脸。一旁的蔡伦对挑夫伏在井里喝水已是十分反感，一想到这么洁净的井水将再次被他弄脏，不由得脱口阻止道："这位大叔且慢！"挑夫闻言手上一松，巾子随即落入井水之中。他见冲他说话的是一位学生模样的少年，一时不明白少年为何阻止他，就在这一愣神的工夫，那巾子已向井底沉去。等他回过神来伸手去捞，已够不着了，只好眼睁睁地看着它沉下去。

想到这里，蔡伦用手指了指井中之物，一脸疑

蔡伦不由得脱口阻止道："这位大叔且慢！"挑夫闻言手上一松，巾子
随即落入井中。

惑地对吴学说道："那天沉下去的明明是一块麻布巾子，现在怎么变成这样了呢？"

吴学摇了摇头，也是一脸讶异。

蔡伦问道："吴铁官走南闯北，见多识广，可知是何原因？"

吴学思忖良久回答道："本官的确不知。不过……"

见吴学欲言又止，蔡伦以为他知道是怎么回事，赶紧问道："吴铁官是否想起了什么？"

吴学一边沉思一边说："我倒是想起一个地方。在皇宫尚方的制作坊里，汇聚了全天下的能工巧匠，想必他们应该知道这其中变化的原因。"

蔡伦一下来了兴趣，好奇地问道："皇宫尚方的制作坊都制作什么呀？"

吴学答道："简帛、衣饰、香料、军械及各种日常所需之器物，凡宫中所用之物，制作坊都负责制作。"

蔡伦又问："制作坊里的人除了制作，还干些什么？"

吴学说："改良各种器物的工艺。"

听吴铁官这么一说，蔡伦心想这些不正是自己梦寐以求想做的事情吗？他顿时对皇宫尚方的制作坊心生向往。可转念一想，皇宫高高在上，又离自己那么遥远，他一个普通人家的孩子，又如何能进入皇宫？那对于他而言，无异于天方夜谭。想到这里，蔡伦眼里刚刚扑闪的火苗又倏忽熄灭。

吴学见蔡伦突然缄默不语，便问道："敬仲对制作坊如此感兴趣，莫不是也想进宫？"

蔡伦苦笑道："不过是想想而已。"

吴学问道："若本官有办法，敬仲可愿进宫？"

蔡伦以为吴铁官是跟他开玩笑，便随口答道："当然愿意。"

吴学又道："进宫若要付出一定的代价，敬仲可还愿意？"

蔡伦不解地问道："吴铁官所说的代价是什么呢？"

吴学说："比方说伤及身体。"

蔡伦说："莫说伤及身体，就算有性命之虞，蔡伦也愿意试试。"

吴学见蔡伦回答得非常坚定，心里有了主意。

蔡伦以为吴铁官不过是跟他开个玩笑而已，因此并没有将此事放在心上。等吴铁官一走，他又伏身在井台边，看了许久才起身离去。

回家的路上，蔡伦的心思还停留在那口井里。井水如此清澈，井底的沙石皆粒粒可数，看似一目了然，却仍有一团迷雾无从破解。这让蔡伦明白了一个道理：凡事不能只看表象，这世上还有许多未解之谜就藏在这表象之中。

永平十八年（75），调运铸铁进东都的吴学无意中得知宫里招人的消息，他立刻想到上次在井台边和蔡伦的一番交谈，他觉得蔡伦无论是才学和品性都是最合适不过的人选。

机会难得，吴学刚回到桂阳郡就马不停蹄跑到蔡家。当时蔡伦并不在家，吴学就先将宫里招人的事告诉蔡伦的家人，并表明自己愿意当蔡伦的引荐人。

蔡家世代炼铁，做梦也不曾想过蔡伦能有机会进宫。若是蔡伦进宫后能够有所作为，万一得到皇上的赏识，不仅可以兴旺蔡家的门庭，还可以光宗耀祖。但有一道天大的难题摆在蔡家人的面前，那就是男子进宫前必须净身。

蔡伦直到傍晚才回家，吴学也一直在蔡家等着。蔡伦在得知宫里招人的消息和家人的顾虑时表现得异常冷静，像是早已深思熟虑过一般，当即表示同意。

数日后，蔡伦跟着吴学来到了东都洛阳。此前，蔡伦从吴学赠送的书简中读过班固写的《东都赋》，赋云："是以皇城之内，宫室光明，阙庭神丽，奢不可逾，俭不能侈。外则因原野以作苑，填流泉而为沼，发藻以潜鱼，丰圃草以毓兽，制同乎梁邹，谊合乎灵囿……"百闻不如一见，蔡伦这一路果然是眼界大开。

进宫那天，面试蔡伦的是一位姓李的宦官，他见蔡伦面善，又长得一表人才，就多问了他几句，没想到蔡伦不仅才思敏捷，口齿也十分伶俐。李宦甚是满意，当场就用朱笔在名册上圈点了蔡伦的名字。

面试结束后，蔡伦跟着吴学回到旅舍。

吴学说："敬仲，今日面试的李宦乃南阳郡

人，与本官同乡。他是小黄门郑众的亲信，而郑众乃当今太子身边的红人，以后你就好好跟着李宦当差。有什么不明白的地方，他会教你。"

吴学见蔡伦点头，像是突然想起什么，又道"敬仲，你可听闻过小黄门郑众？"

蔡伦摇了摇头道："吴铁官所说的郑众未曾听闻，蔡伦倒是听闻过太中大夫郑兴之子郑众。郑兴乃当世大儒，其子郑众也以精通儒家经典闻名于世。太子刘庄和山阳王刘荆曾让陵乡侯梁松带着绸缎去拜访郑众，想拉拢他做他们的宾客。谁料，被郑众当场拒绝。郑众对梁松说，太子不应私自结交外臣，藩王也不应私通宾客。梁松说，你怎敢忤逆太子和山阳王？郑众说，与其因忤逆获罪被杀，不如坚守正道而死。郑众拒绝了梁松之请后不久，梁松因怨恨朝廷、悬挂匿名书进行诽谤而获罪处死，与梁松有交往的众多宾客都被指控有罪，唯独郑众没有被牵连。"

吴学道："敬仲，此二人同姓同名，又同朝为官。你以后在宫中当差，当学郑兴之子郑众坚守正道，以免惹祸上身。小黄门郑众在东宫侍奉太子刘炟（dá），一旦太子登基，郑众必将成为皇帝身边的红人，只怕你以后免不了要与他打交道。本官听说郑众对皇室极为忠心，你若有机会与他结识，自然也能学到不少东西。"

此时蔡伦对于未来的设想并没有像吴学考虑得那么长远，但他深知吴学的话完全是出于对自己的关心。蔡伦当即毫不犹豫地回道："请吴铁官放心，您的话蔡伦自当铭记于心。"

吴学点点头，然后将随身佩戴的宝剑取下，对蔡伦道："本官知道敬仲平时也喜欢剑术，此剑就赠予你留作纪念。"蔡伦赶紧双手接过："多谢吴铁官。"吴学道："因本官尚有公务在身，就此告辞。"蔡伦长揖一礼："吴铁官的恩情，蔡伦没齿难忘。"

当天晚上，月色很好，但蔡伦久久不能入睡，他的脑海里不时浮现自己经常俯身观察的那口水井。此刻的他，即将面对的是另一口水井，这口水井幽暗不明又深邃莫测，年少的蔡伦心里既充满好奇，又有一种对未知命运的担忧。

经过面试、净身等一系列复杂又残酷的过程，蔡伦终于进宫，做了寺人。这天，李宦拿了一套寺人专用的衣帽过来，对他说道："把这一身行头换上，跟我走吧。"

蔡伦穿戴好后，跟着李宦七拐八拐来到妃嫔们居住的掖庭。李宦将蔡伦交给掖庭令，然后向他叮嘱道："从今天起，你就在这里当差，可得机灵着点。"

蔡伦一声不响地站立着，点了点头。

掖庭令是个身材矮胖、满脸横肉的家伙。待李宦一走，掖庭令就将宫中烦琐的规矩一一告诉蔡伦，要他听话照做，不可偷懒，并安排他和其他寺人住在一间小黑屋里，这间小黑屋比起蔡伦净身时进过的那间小黑屋也大不了多少。睡觉的地方是通铺，蔡伦睡在寺人们之间，每到晚上在此起彼伏的鼾声中难以入眠。有时好不容易睡着了，也会被自己的噩梦惊醒。

付出这么大的代价进宫，本意是想进入皇宫尚方的制作坊，没想到却是来宫里侍候妃嫔。尽管蔡伦心里百般不情愿，但事已至此，也只好顺从命运的安排。

掖庭当差

　　每天天还未亮，掖庭的院子里就会响起嬷嬷、婢女、寺人们忙乱的脚步声，然后，水流声、捣衣声、刈草声、器物的碰撞声以及掖庭令的喝骂声就会此起彼伏。在掖庭当差就是任妃嫔们役使，稍有不慎就会受到责罚。好在蔡伦从小就很勤快，宫里的事务根本就难不倒他。

　　这天，一位妃嫔见庭中的湖水久未清理，湖面上漂浮着不少水草和杂物，便叫寺人们将湖面清理干净。因一时找不到合适的工具，十来个寺人只好下到湖里用手去打捞水草。忙了半天，水深的地方因为没有船而无法进行。寺人们有的站在湖中水浅的地方试探着，谁也不敢再往前走；有的找来长竹竿，尽管费尽气力，却收效甚微；有的干脆傻站在那里看着。此时，只有蔡伦站在岸边观察着，没有下水，他见湖面并不很宽，就找来一根又粗又长的棕绳、几片竹篾和一些细麻绳，然后在棕绳中间的位置用细麻绳和竹片编织了一个敞口的网兜。

寺人们并不知道蔡伦要干什么，他们只看到大家都在忙着清理湖面，只有蔡伦没有加入。其中一个寺人找到掖庭令，举报蔡伦偷懒。掖庭令平时最恨手下人偷懒不干活，便气冲冲跑去找蔡伦，想好好教训他一番。

蔡伦蹲在距离湖边不远的地方聚精会神地编着东西，当小黄门郑众陪太子刘炟出现在身后时，他也全然不觉。刘炟已有多日未来掖庭，这次特意出来走走，不知不觉就到了这里。郑众远远就看见了蔡伦，当他和太子走到蔡伦跟前时，蔡伦连头都没有抬一下。郑众见一个寺人竟敢对太子的到来无动于衷，正要质问，结果被刘炟用眼神制止了。刘炟还从未见过任何一个寺人在做事情时如此专注，感到甚是好奇，就想看看这个寺人到底在做什么。刘炟过了一会儿才看明白，便问郑众："这个寺人叫什么名字？"郑众平时也很少到掖庭来，并不认识蔡伦，听太子这么一问，就大声对蔡伦道："大胆寺人，见到太子殿下也不知道行礼。"蔡伦这才抬起头来，听郑众说跟前站着的是太子，赶紧跪拜在地道："寺人蔡伦给太子殿下请安。"

刘炟丝毫没有怪罪的意思，他掸了掸袖口道："你做的这个可是用来清理湖面的？"

蔡伦答道："回太子殿下，正是。"

这时，掖庭令气喘吁吁赶来了。他见太子也在，以为是蔡伦不仅偷懒不干活，还冲撞了太子，心里既忐忑又恼怒。到了太子跟前，掖庭令慌忙拜倒在地："臣不知太子殿下驾到，有失远迎，还望太子殿下恕罪。"然后转过身指着蔡伦道："大胆蔡伦，不仅私自偷懒，还敢冲撞太子殿下，该当何罪？！"

刘炟都不正眼看掖庭令一眼，说道："冲撞本太子的不是这个叫蔡伦的寺人，而是你这个掖庭令。没看到本太子正在和他说话吗？"

掖庭令闻言心里一哆嗦，马上磕头如捣蒜：

"请太子殿下恕罪，是臣误会了，臣该死，臣知错……"

一旁的郑众见太子只对蔡伦感兴趣，便对掖庭令道："掖庭令，既然你已经给太子殿下请安了，就快点退下吧。"

掖庭令闻言如释重负，赶紧从地上爬起来说："谢太子殿下，谢郑宦，臣这就退下。"然后溜之大吉。

刘炟见蔡伦已经编完，便拿起网兜看了又看。蔡伦道："请太子殿下到湖边，让寺人们试一下就知道效果了。"

到湖边后，蔡伦让两个寺人分别拽住棕绳的一头，沿着两岸相向而行，棕绳中间的网兜则紧贴着水面，因棕绳的尺寸比湖面宽得多，网兜的位置可由对岸两人随时进行调节，湖面上的漂浮物便可尽数收入其中。这样一来，人不用下水也能将湖面清理干净。寺人们看得目瞪口呆，然后欢呼雀跃。

看到这种情景，刘炟也止不住连连点头道："如此甚好，原本十余人干的活，只需两人就足够，往后这物件还可反复使用，甚好甚好。"

　　蔡伦让两个寺人一人拽住棕绳的一头，沿着两岸相向而行，湖面上的漂浮物尽数收入网兜中。

郑众也忍不住道："太子所言甚是，没想到这掖庭的寺人当中，竟然还有蔡伦这般肯花心思做事的，实在是难得。"

蔡伦听了太子和郑众对自己的赞赏，脸都红了，说道："蒙太子和郑宦夸奖。蔡伦从小就喜欢琢磨这些，今天不过是举手之劳。"

说完，蔡伦忍不住多看了郑宦几眼，此人高高瘦瘦，双目如炬，仿佛一眼就能洞悉人心。蔡伦心里当时就想，此人莫不就是吴学曾向他提起的小黄门郑众？

果然，太子随后说道："郑众啊，以后多到这掖庭中走走，若碰到什么有趣的事，不妨禀告本太子。今天有点累了，咱们先回东宫吧。"

郑众道："臣这就送太子回东宫。"

蔡伦制作网兜清理湖面的事很快就传遍掖庭。从此以后，无论遇到什么难事，宦官和婢女们首先想到的就是找蔡伦想办法，蔡伦也很乐意帮助大家。

崭露头角

　　蔡伦在掖庭当差没多久，汉明帝刘庄在东宫前殿驾崩。太子刘炟即位，史称汉章帝，尊马皇后为皇太后。

　　建初二年（77）十二月，汉章帝将窦氏和她的妹妹一同晋升为贵人。窦氏的祖父窦融是东汉的开国元勋，"云台二十八将"之一。其父窦勋，其母为东海王刘疆的女儿沘（bǐ）阳公主。窦氏在未进宫之前，汉章帝对其文才美色就早有耳闻，再加上皇太后对她也颇具好感，因此她进宫之后备受汉章帝宠爱。

　　皇太后在雒（luò）阳（今河南洛阳）城北宫附近的濯龙园中设有织室，并在园中种桑养蚕。有时，马太后会前往察看。

这天，一个养蚕的婢女惊慌失措，差点和路过永乐宫的蔡伦撞个满怀。蔡伦问她为何如此慌乱，婢女一下急得哭了起来。原来她养的蚕不知什么原因，突然不食不动，像是快要死了。她从未遇到这种情况，想到皇太后平时视这些蚕如同宝贝，若是此事让皇太后知道了怪罪下来，只怕是小命不保。婢女原为皇太后身边的人，皇太后设立蚕房后，因人手不够，临时让她过去帮忙，却没料想会出现这种事。她不敢隐瞒，这次匆忙进宫就是专门来向太后禀报并请求太后发落的。

蔡伦见她泪眼婆娑，连走路都脚底发软，一下便动了恻隐之心。他想了想说道："你先别急着向太后禀报。我小时候在家也养过蚕，不如我去帮你看看，说不定此事还有转圜的余地，如果能把问题解决，你也就不用受罚了。"

婢女半信半疑地望着蔡伦："你是谁？"

蔡伦答道："我姓蔡名伦。"

婢女怔了一下，接着像是突然想起了什么，说道："原来你就是蔡伦！记得宫中的姐妹跟我说起过你，说你有的是办法，经常帮她们。"

婢女如同抓住一根救命稻草，赶紧带着蔡伦回到濯龙园。园中曲径通幽，有一片桑林在阳光下郁郁葱葱。蔡伦来不及观赏桑树上长出的新叶，就和婢女直奔蚕室。蚕室虽不大，却养了不少蚕，有楚蚕、白头蚕、领石蚕、里蚕、儿蚕、灰儿蚕等，养蚕的蚕匾或平放或悬置，随处可见。

蔡伦先是用手捏了捏蚕的粪便，又仔细察看了蚕匾中的桑叶，然后问道："这些可是今晨新采的桑叶？"

婢女点头道："正是今晨新采的。"

蔡伦将蚕室两边的窗户打开，让室内的空气形成对流。然后说："昨晚下过一阵雨，新采的桑叶应清洗晾干后才可喂蚕。你先将蚕匾中的桑叶清理干净，再去采些新叶来，洗尽后晾着备用。"

蔡伦边说边将一些蚕匾搬到室外。待婢女备好新叶后，蔡伦一边挑选一边说："蚁蚕饲叶需用刀切细；小蚕要用嫩叶，大蚕则薄饲勤添……"蔡伦还向她详细讲解了蚕在不同生长期要掌握采光明暗、温度暖凉、风速大小、喂食频率等事项。正说

蔡伦讲着讲着，那些原本不食不动的蚕开始蠕动，婢女见了惊喜得叫出声来。

话间，那些原本不食不动的蚕开始蠕动起来，婢女见了惊喜得在一旁叫出声来。

此时，皇太后在几位侍从的陪同下正好走进濯龙园。听到婢女的叫声，马太后问道："是何人在园中喧哗？"身边的侍从赶紧将婢女和蔡伦带到马太后跟前。

两人见到皇太后，当即跪倒在地："拜见太后殿下。"

婢女不等太后发问，颤声道："奴婢不知太后殿下驾到，还请太后殿下责罚。"

皇太后看了蔡伦一眼道："他怎么会在这里？"

婢女忙将此前发生的事一一道出。

皇太后听后并没有责罚婢女，她倒是没想到蔡伦对养蚕如此了解，便问道："你叫什么名字，现在何处当差？"

蔡伦答道："回太后殿下，奴婢叫蔡伦，在掖庭当差。"

马太后又问道："你可曾念过书？"

蔡伦又答道："奴婢从小就熟读经史。"

马太后闻言颇感意外，却不动声色地说道：

"既然如此，本宫明日教两位皇子读《论语》，你可前来伺候。"

蔡伦道："但凭太后殿下吩咐。"

第二天一早，蔡伦刚洗漱停当，召他入宫的李宦在掖庭令的陪同下急急忙忙赶来，李宦道："太后口谕，宣蔡伦永乐宫侍驾。"

李宦将蔡伦带到太后居住的永乐宫。皇子刘伉、刘全也很快就到了。

侍女将三人一起引入太后的书房。书房内的陈设看似简洁，却十分奢华，桌椅、案牍、书架都是由上好的木材制成。书房内窗明几净，香薰袅袅。书架上层层叠叠，码放着各种书简、缣帛。

不一会儿，太后在侍女的搀扶下进入书房。蔡伦等三人请安之后，太后示意两位皇子坐在书案前，蔡伦则站立一旁。

马太后先问两位皇子："近日皇祖母未曾过问学业，两位孙儿可曾懈怠？"

刘伉道："回皇祖母，孙儿不敢懈怠。"

马太后点了点头："有什么不明白的地方，尽管问来。"

刘伉见弟弟刘全尚且年幼，老是一副心不在焉的样子，便知道皇祖母实际上是在问他一个人。便回答道："孙儿昨日听闻宫人在议论君子和小人，孙儿想问，何为君子，何为小人？"

马太后含笑不语，她看了看一旁的蔡伦。蔡伦身子一紧，从马太后的神情里，蔡伦明白了太后是想让自己来回答。

蔡伦清了清嗓子道："今皇子问太后，可知孔子的得意门生子贡也曾问过孔子，子曰，'君子周而不比，小人比而不周。'孔子认为君子当光明磊落、坦荡无私，私底下不与人勾结以谋取利益；小人则正好相反，喜欢相互勾结，只顾私利，而不顾道义。"

蔡伦话音刚落，刘伉就说道："皇祖母，孙儿要做光明磊落的君子。"

马太后笑道："好，好，好！孙儿想做光明磊落的君子，皇祖母当然高兴。孙儿可知，孔子还说，'君子食无求饱，居无求安，敏于事而慎于言，就有道而正焉，可谓好学也已。'孙儿想成为君子，就不能太在意饮食的好坏和居所的安逸，要多在提高自身修养上下功夫，做事敏捷，言语谨慎，多向品行高尚之人学习。"

刘伉当即拜伏在地："孙儿谨记皇祖母的教诲！"

马太后接着说道："孙儿身为皇子，当懂得正身之道，方可令行天下。"

马太后说完又看了蔡伦一眼。

蔡伦忙附和道："太后殿下对皇子用心良苦。子曰，'其身正，不令而行；其身不正，虽令不从。'皇子以后只要端正自身，以身作则，定会受到世人的敬仰，也才能如太后所言令行天下。"

马太后意味深长地看了蔡伦一眼，似乎很满意蔡伦刚才说的话，然后拿起案牍上的一卷《论语》对刘伉道："刚才蔡伦所说皆出自此书，孙儿当勤习之。"

刘伉忙道："孙儿谨记。"

原来马太后宣蔡伦进永乐宫是为了督促皇子学习《论语》，顺便也检验一下蔡伦的才学，好为皇子物色得力的人才。因是初次试探，马太后并没有立即决定将蔡伦留在皇子身边。

蔡伦刚从永乐宫出来没多久，掖庭令就匆匆赶来找他。

蔡伦不知发生了何事，又不便多问，便紧跟在掖庭令的身后。到了长乐宫，蔡伦才知道他要见的是新晋的窦贵人。窦贵人入住长乐宫之前就留意过蔡伦，知道蔡伦早在皇上还是太子时就在掖庭受到太子的称赞，今又见太后召其去了永乐宫，更加认定蔡伦可堪重用，便决定先下手为强。

"蔡伦，你可愿意待在本宫的身边？"窦贵人问道。

蔡伦早就知道窦贵人家世显赫，又才貌超群，非平常妃嫔可比，只是没想到她会让自己来永乐宫侍奉。想到马太后似有意用他，只是尚未明说，蔡伦虽有所犹豫，可此事岂能容他多想，便当即答道："回窦贵人的话，奴婢愿意。"

答应窦贵人后，蔡伦当晚久久难以入睡。他躺在床上，听着外面的脚步声渐次消散，整个掖庭突然静得可怕。蔡伦并不知道接下来等待他的是什么，但他有一种不安的预感，总觉得有什么事情将在自己身上发生。

身不由己

永平十八年（75），太子刘炟即位，是为汉章帝。郑众由小黄门升为中常侍，负责传达皇帝诏令及掌管文书。

建初三年（78）三月，窦贵人被晋升为皇后，入主长秋宫。册封皇后这段时间，郑众一直在忙上忙下。自从在掖庭见过一面后，蔡伦和郑众熟络起来。郑众见蔡伦行事谨慎有度，又机敏过人，便对他颇为留意。

同年，宋贵人产下皇子，取名刘庆，深得汉章帝的疼爱。一年后，即建初四年（79），汉章帝没有遵从马太后的意愿立长子刘伉为太子，执意立三皇子刘庆，同时将刘伉封为千乘王，将刘全封为平春王。马太后担心后宫会因为立太子之事而不得安宁，因而忧劳成疾。不久，梁贵人诞下四皇子刘肇（zhào）。梁贵人乃褒亲侯梁竦之女，她和姐姐同为贵人，自从她生下皇子后，母凭子贵。此时的窦皇后虽统领六宫，却唯恐日后因为没有子嗣而处境艰难，以致夜不能寐。这年七月，马太后驾崩。汉章帝对窦皇后更为宠爱，这也使得窦皇后蠢蠢欲动。

这天，窦皇后的母亲沘阳公主进宫探望女儿。窦皇后将自己的担忧告诉母亲，沘阳公主给窦皇后出了个主意。窦皇后先向汉章帝提出收刘肇为养子，在得到汉章帝的恩准之后，她便想方设法陷害宋贵人。

建初五年（80），窦皇后升蔡伦为小黄门，然后以皇子刘庆年幼需要增加人手照顾为由，特意将蔡伦指派到宋贵人的身边，实际上是安插自己的耳目。窦皇后要求蔡伦事无巨细都要向她禀报，蔡伦哪敢不从。除此之外，窦皇后还命自己的兄弟在外面搜罗宋家的过失。

宋贵人有个妹妹也是贵人，经常会到姐姐

这里来坐一坐。宋贵人的妹妹知道蔡伦是窦皇后身边的人，特意提醒姐姐，要多加注意自己平时的言行举止，以免落下把柄被窦皇后拿去大做文章。

宋贵人认为自己行事坦荡，再加上她对蔡伦的印象不错，认为像他这样有学识又尽心尽力的人，自然能辨清是非，所以从不刻意回避蔡伦。

夹在窦皇后和宋贵人之间，蔡伦感到自己的命运正无法避免地卷入到内宫争斗的漩涡之中。为此，他深感矛盾和痛苦，却又束手无策。

建初七年（82），窦皇后盼望已久的机会终于来了。

这天，染病多日的宋贵人突然想吃兔肉，她让在一旁伺侍的蔡伦拿来笔墨，写了一封信给娘家，想让娘家人送兔子进宫。信写好后，她让蔡伦将信交给侍从传递出去。蔡伦刚把信交给侍从，窦皇后正好派婢女来找他问话。蔡伦以为宋贵人因病想吃兔肉也不是什么大不了的事，便将此事禀报给了窦皇后。谁料窦皇后听后突然念头一闪，赶紧派人将送信的侍从截获。

到了晚上，汉章帝像往常一样，在郑众等人的陪同下来到长秋宫。

汉章帝见窦皇后神情有点哀伤，便屏退左右问道："皇后似有心事，见到朕为何不悦？"

窦皇后等的就是汉章帝这一问，她当即哭诉道："陛下，臣妾属兔，那宋贵人写信让娘家人送兔子进宫，分明是要作法行厌胜之术以诅咒臣妾，好谋取皇后之位。"

行厌胜之术乃宫中大忌。汉章帝闻言惊问："竟有此等事？！"

窦皇后一边哭哭啼啼，一边拿出那封被截获的信说："陛下，臣妾与宋贵人素无嫌隙，若无真凭实据，哪敢信口雌黄。"

汉章帝看完信，认为不过是一封普通的书信，宋贵人因为生病想吃兔肉才让娘家人送兔子，并没有提及行厌胜之术，自然不能作为证据。便劝慰道："朕看此事是皇后多心了，宋贵人托家人买兔子一事不过是与皇后的属相巧合，皇后大可不必放在心上。"

窦皇后心里其实清楚，这封家信虽然不足以当作证据，却可以成为汉章帝生疑的引子。于是，她继续哭诉道："陛下，前几日，臣妾的兄弟在臣妾的跟前说宋家的不是，臣妾自然不信，还狠狠教训了他们。不曾想……"

"宋家有何不是？"汉章帝问道。

"臣妾兄弟说，自从三皇子刘庆被立为太子后，宋家人就认为宋贵人理所当然应该被立为皇后。"

汉章帝道："你这样说可有证据？"

这一次，窦皇后拿出一封伪造的信函，是她请人摹仿宋贵人家书上的笔迹写成，信中不乏如何图谋皇后之位的言辞。

汉章帝阅后顿时龙颜大怒："真是岂有此理！"

窦皇后见此时的汉章帝已深信不疑，更是哭得梨花带雨。汉章帝当即许诺道："皇后莫要伤心，朕定然还你一个公道。"

六月的一天，中常侍郑众在朝会上宣读皇帝诏命：

皇太子有失惑无常之性，不可以奉宗庙。

大义灭亲，况降退乎！今废庆为清河王。皇子肇，保育皇后，承训怀衽，今以肇为皇太子。

诏命下达后，太子刘庆被废为清河王，宋贵人及妹妹被逐出内宫被囚禁，交由蔡伦主审。宋贵人的父亲宋扬被免去议郎一职，逐回原郡。刘庆被废后，唯恐祸从口出，从此闭口不提生母宋氏。

蔡伦万万没想到自己的无心之失会酿成如此严重的后果，更没想到皇后会在汉章帝跟前进言，让他负责审问宋氏姐妹。这分明是皇后要将宋氏姐妹置于死地，而他正是那个被早已安排好的掘墓人。

在审讯宋氏姐妹期间，蔡伦念及她们是被陷害，并没有刻意为难，审讯只是走走过场。宋氏姐妹却自知难逃此劫，于是暗地里买通狱卒，双双在狱中饮毒自尽。

听到宋氏姐妹自尽的消息，蔡伦追悔莫及。为发泄郁闷，他找了一个没人的地方，拿着吴学当年相赠的那柄宝剑，一通狂舞，直到精疲力竭。然后坐在地上，失声痛哭。

没想到，这时郑众突然出现在蔡伦面前，蔡伦赶紧止住哭声，然后拭了拭眼角道："不知中常侍

为发泄郁闷，蔡伦找了一个没人的地方，拿着宝剑，一通狂舞，直到精疲力竭。然后坐在地上，失声痛哭。

到此，还望恕罪。"

郑众道："我只是路过，见你在此舞剑，便多看了一会儿，没想到你的剑术也如此高超。"

蔡伦将剑插入鞘中道："让中常侍见笑了。"

郑众目光犀利地看了蔡伦一眼，然后问道："是否因宋氏姐妹之死而如此伤心难过？"

郑众这么一问，蔡伦一时不知如何应对。蔡伦和郑众虽然打过多次交道，但蔡伦对郑众的了解毕竟有限，万一郑众把刚才看到的场景告诉窦皇后，窦皇后定然会认为蔡伦是在同情宋氏姐妹，那后果将不堪设想。情急之下，蔡伦答道："不瞒中常侍，蔡伦离家多年，今日想起家中亲人，突然情难自禁，才如此失态。"

郑众道："此乃人之常情。你我久居深宫，不能在家中尽孝，唯有好好孝敬皇上，也算是不枉此生了。"

蔡伦道："中常侍所言极是。"

郑众又道："宋氏姐妹之死非你我所能左右，还望不要介怀。"

蔡伦忙道："中常侍明察。蔡伦……"

郑众不等蔡伦分辩，就打断道："皇上身边还有急事，我得赶紧过去。"说完，匆忙离去。

此时的蔡伦已惊出一身冷汗，他一边目送郑众的背影消逝在夜幕之中，一边让自己的心情慢慢平复下来。听郑众话里的意思，他对宋氏姐妹的死是心知肚明，也明白蔡伦为何会如此伤心，只是没有当面点破而已。

蔡伦后来仔细回想，郑众对自己似乎并无恶意，除了提到要好好孝敬皇上之外，对窦皇后只字不提，这说明郑众的心里只有皇上。郑众的所作所为像是让蔡伦打消对他的疑虑。在如此复杂莫测的深宫里，郑众的举动让蔡伦感到了前所未有的慰藉。

匡弼得失

建初八年（83），在得知梁家因刘肇被立为太子私下进行庆贺之后，窦皇后十分恼怒。为了使窦家成为太子唯一的舅家，她肆意在汉章帝跟前诋毁梁氏姐妹，使汉章帝逐渐对梁氏产生嫌弃之心。之后，窦家诬告梁竦犯了谋逆大罪，梁竦死于狱中，梁家成员被流放，梁氏姐妹忧愤而死。从此，窦家在朝中的地位愈加显赫。窦皇后的哥哥窦宪任侍中、虎贲中郎将，弟弟窦笃任黄门侍郎。

窦宪倚仗皇后的势力，从亲王、公主，到阴家、马家等外戚，没有人不怕他。他以低价强行购买沁水公主的庄园，沁水公主因害怕他的权势而不敢与之计较。

有一天，窦宪到后宫探望窦皇后，正好蔡伦也在。窦宪得意洋洋提到自己强行低价购买沁水公主庄园一事，窦皇后听后非但没有阻止，言辞和神色间反而有纵容之意，这使得窦宪更是得意忘形。

蔡伦原本就对窦皇后设计陷害宋贵人一事极为不满，此番见窦皇后对自己的兄长又如此放纵，担心随着窦家的权势越来越大，会危及汉章帝。于是，蔡伦将此事暗中告诉了郑众。郑众没有直接向汉章帝禀报，而是趁窦宪陪汉章帝出行的机会，特意将出行路线安排为经过沁水公主的庄园。

果然不出郑众所料，窦宪知道出行路线后，严令左右不得透露他低价购买庄园的事。出行路途中，当汉章帝向窦宪询问庄园之事时，窦宪用一套编造的说辞蒙混过去，而对自己低价购买的事却只字不提。直到汉章帝结束出行回来后，郑众才告诉汉章帝实情。汉章帝大为恼火，当即将窦宪叫到跟前严厉斥责道："当初经过沁水公主的庄园时，你为何要欺骗朕！永平年间，先帝命令阴党、阴博、邓叠（都是国戚）三人相互监督，诸贵戚中才没人敢触犯律法。如今，身份尊贵的公主之家尚且被你横加掠夺，更何况平常百姓！朝廷若是决定弃用你，就如同丢掉一只小鸟和腐臭的死鼠！"遭受训斥的窦宪大为恐惧，连忙找窦皇后求救，窦皇后这才觉出事态的严重性，赶紧换掉皇后的衣饰，去向汉章帝谢罪。

此事过了很久，汉章帝的愤怒才慢慢平息。他没有治窦宪的罪，只是命他将庄园退还给公主，以后也不再对他委以重任。

章和二年（88），汉章帝在章德前殿驾崩，太子刘肇继位，年仅十岁，是为汉和帝。窦皇后为皇太后，临朝摄政。汉和帝继位初年，郑众加位钩盾令。蔡伦也受到重用，被任命为中常侍，参与国家机密大事。

窦太后摄政后，哥哥窦宪以侍中的身份，入宫主持机要，出宫则宣读太后诏令。弟弟窦笃为虎贲中郎将，窦景、窦瓌（huán）同为中常侍，窦氏兄弟全都身居高位。朝廷上上下下的官员，无不依附窦氏家族。此时，只有郑众和蔡伦一心向着汉和帝。

永元元年（89）九月，窦宪被任命为大将军，封为武阳侯，食邑两万户。窦宪推辞不肯受封，窦太后下诏准许。依照旧例，大将军的地位原在太尉、司徒、司空三公之下。窦太后则下诏规定，窦宪的地位在太傅之下，三公之上。窦宪掌握着王朝的军队，窦笃、窦景统领宫廷禁卫。尤其是窦景，经常纵容自己的奴仆和部下抢夺百姓财物，奸淫掳掠良家妇女，以致商人不敢出门经商，如同躲避敌寇。窦景还擅自征发边疆各郡骑兵精锐，为己所用，无人敢举报。窦家兄弟中，唯有驸马都尉窦瓌喜好儒家经典，约束节制而修身自好。

永元四年（92）六月，窦氏父子兄弟，穰（ráng）侯邓叠及其弟邓磊和母亲元，窦宪的女婿郭举，郭举的父亲郭璜等人密谋，其中元和郭举可随时出入宫廷，而郭举又颇得窦太后宠幸，他们便共同谋划杀害汉和帝。

这天，当初让蔡伦进宫的李宦无意中听到郭举等人的密谋，因此事关皇上的性命，他一分一秒也不敢耽搁。李宦将消息告诉郑众后，郑众令李宦连夜请来蔡伦，两人一起去面见汉和帝。此时，汉和帝的寝宫内仍亮着灯。

见蔡伦和郑众深夜到来，汉和帝心里一紧："何事如此紧急？"

郑众上前奏道："陛下，臣刚刚得到消息，郭举勾结窦氏意欲谋害陛下，陛下当早作安排。"

看到汉和帝深感震惊的样子，郑众又道："如今朝中官员无不依附窦宪，陛下只有先下手为强。"

汉和帝心里其实比谁都清楚，因自己尚未亲政，窦氏专权日久，朝中党羽遍布，就连自己的一举一动都有可能被监视，哪里有能力摧毁他们的阴谋。

汉和帝向郑众和蔡伦问道："两位爱卿可有良策？"

郑众道："陛下，臣以为如今能帮到陛下的只有清河王刘庆和千乘王刘伉。"

汉和帝说："如何才能得到清河王和千乘王的帮助？"

郑众道："陛下平时待两位大王不薄，清河王更是对陛下护爱有加，千乘王与窦氏也素不往来。如今陛下有难，得此二位相助并非难事。"

汉和帝又道："此事若成，外戚谋逆当如何定罪？"

郑众道："陛下可从东观找来《汉书·外戚传》一阅，以参考前例。"

这时，蔡伦道："陛下，臣曾去东观找过《汉书·外戚传》，只是此书已被千乘王刘伉借去，尚未归还。"

汉和帝皱眉道："此事恐怕还得精心谋划才是。"

蔡伦沉吟良久道："臣倒有一策，不知可不可行？"

汉和帝道："快说来听听。"

蔡伦道："臣听闻窦宪和邓叠不日将一起回到京城，正好清河王刘庆也在京城，臣愿以陛下寻阅《汉书·外戚传》为名先去找河清王刘庆，顺便将陛下的想法告之，再让刘庆去找千乘王刘伉，以求得到千乘王的协助，这样一来，只要陛下再见机而行，此事可成。"

汉和帝听蔡伦这么一说，心里产生了一个更为详尽的计划。

月末，蔡伦以替皇帝寻阅《汉书·外戚传》为名拜见了刘庆。随后，刘庆拿着从刘伉处得来的

《汉书·外戚传》进宫，汉和帝在内室单独接见了他。然后命郑众搜集皇帝诛杀舅父的先例，以提前作好准备。

这天，汉和帝临幸北宫，趁窦氏集团毫无防备之际，他命令执金吾和北军五校尉领兵驻守南宫和北宫，然后关闭城门。刘庆和刘伉则按事先的约定派出兵马，先将郭璜、郭举、邓叠、邓磊全部逮捕，送往监狱处死。汉和帝同时派遣谒者仆射收回窦宪的大将军印信缓带，改封其为冠军侯，同窦笃、窦景、窦瑰一并前往各自的封国。

因窦太后的缘故，又念及窦宪曾大破北匈奴于稽落山，于国有功，汉和帝没有正式处决窦宪，只是选派一位严苛干练的封国宰相对其进行监督。窦宪、窦笃、窦景知大势已去，再无翻身之日，三人到达封国没多久都被迫自杀。凡与窦宪交往的官员，全都因罪免官。

汉和帝论功行赏，清河王刘庆和千乘王刘伉都得到丰厚的赏赐，郑众被擢升为大长秋。蔡伦名义上还是窦太后的人，若论功绩，这一次他居功至伟，汉和帝本想重赏他，但被他谢绝了。其实蔡伦心里非常清楚，他若接受赏赐，窦太后虽然失势，也定然不会放过他。

窦氏集团瓦解后，蔡伦心里的一块巨石虽然落了地，但随即又产生了强烈的空虚感。从蔡伦进宫那天起，命运似乎就一直在跟他开着各种各样的玩笑，他一次次被动地卷入宫廷的争斗之中。

一到夜深人静的时候，蔡伦总会去想自己未来的前途。他虽然已位居中常侍的高位，可摆在面前的路却错综复杂，就如同这深宫中的小径和回廊，稍有不慎，不仅会失去方向，还很可能有性命之虞。

情寄自然

　　每逢休息日，蔡伦总是将大门紧闭，谢绝一切来访的宾客，或一个人出府漫游。只有当他在面对大自然时，才能暂时忘却宫中的纷扰，真正地静下心来面对自己，也才能看到那个最初的自己。

　　蔡伦从小就喜欢大自然，对山涧林泉和飞鸟虫鱼有着天然的亲近感。他记得六七岁的时候，有一次父亲带他出去玩，他看见几只蚱蜢在山坡的杂草间蹦来跳去，一下就着了迷。他在山坡上跑啊，追啊，乐此不疲，直到傍晚时分还舍不得离去。父亲没办法，只好用棕榈叶给他编了一只草蚱蜢。父亲编的草蚱蜢惟妙惟肖，他心满意足，这才高举着那只草蚱蜢骑坐在父亲的肩头回家。

自那以后，他便经常邀上几个小伙伴背着家里人往山里、河边或者田里跑，回家时总是满身是土。他不仅学会了编草蚱蜢，还能编各种各样的飞禽和走兽。

现在回想起来，往事皆历历在目。只是此时的蔡伦已过而立之年，看待事物的眼界和心境早已今非昔比。

这天，蔡伦像往常一样坐上马车。马车一出北门，赶车的骑奴就扬起手中的鞭子，马车加速向郊外奔驰。

"家主，这次去哪里？"骑奴边赶车边问。

"我也不知道。"蔡伦答道。

骑奴觉得奇怪，以往蔡伦总会说出一个要去的地方。到了目的地后，蔡伦有时一个人漫游或者呆坐；有时会像个孩子一样在草地上奔跑；有时看着天上的白云傻笑，有时泪流满面地眺望远方；有时也会去附近的寺庙或者村庄走走。仿佛只有到了大自然的怀抱，他才是那个真实的自己。骑奴跟随蔡伦多年，早已形成一种默契，每次出门，他从不多说也不多问。这一次，眼看马车已跑出城外数十里地，蔡伦似乎还没有叫他停下的意思。

"驾——"骑奴的吆喝声和马车继续一路狂奔。

拐过一道山坳后，蔡伦撩起车帘，顿觉眼前一亮。只见离车驾不远处的左前方出现一条小河，那小河自群山间蜿蜒而出，如飘如带。河的两岸种有良田，绿油油一片甚是养眼。往远处望去，河岸相隔不远处就会出现一座小小的村落。

"就在前面的河边停下。"蔡伦吩咐道。

"吁——"骑奴一勒手中的缰绳，马车很快在河边停下。骑奴知道，蔡伦这一出来，不到太阳落山是不会回去的，就将马的绳套解下来，先是把马牵到河边饮水，然后任由它啃食河岸上的青草，他则坐在马车里打盹。

蔡伦一个人沿着河岸走去。河水并不深，河水中的鹅卵石和枯枝清晰可见。蔡伦见不远处有一个中年男子在河水里摸着什么，便信步走了过去，走近才看到他是在摸水里的河螺。这种河螺个小，头上长有口和触角。它们有发达的足肌，位于身体的腹面。足底紧贴着叫做厣（yǎn）的薄片，像一个圆盖，当遇到意外时，河螺便把身体迅速收缩进壳里，并通过足的肌肉收缩，用厣将壳严严实实地盖住。因这种河螺平时最喜欢贴在水里的枯枝或石壁上，所以要沿着河岸或专找有枯枝的地方去搜寻。蔡伦见中年男人的腰间系着一个宽边的竹篓，看着沉甸甸的，应该是收获不小。

蔡伦对于摸河螺一点也不陌生，家乡耒水河的河滩上就曾留下他年少的身影。一时兴起，他也脱下长袍和鞋袜，将裤腿挽得高高的，然后下到河里。

中年男子看蔡伦的模样，不像本地人，再看穿着，倒像是从宫里来的官爷。中年男子甚是惊奇，便问道："这位官爷打哪里来？莫非是有什么东西掉到河里了？"

蔡伦答道："我是偶尔路过此地，看见你在这里摸河螺，也想下来试一试。"

中年男子便笑道："这倒是稀罕，我长这么大，还是第一次见宫里来的官爷干这种乡下人才干的粗活。"

蔡伦一时兴起，脱下长袍和鞋袜，将裤腿挽得高高的，然后下到河里。

蔡伦笑而不语，他在水里摸了一通，河螺没摸到，却摸到一团絮状物体。便问道："老乡可知道这是何物？"

中年男子看了一眼，随口答道："无非是沉在河里的树皮、麻布巾子，或者破旧的渔网。"

蔡伦突然想起自己年少时在耒阳的井台边也见过类似的物体，只是颜色不太一样，这些物体虽然也是絮状，却呈黄色或暗灰色，便又问道："树皮、麻布巾子和渔网怎么会变成这样？"

中年男子道："我也不太清楚，只知道这些东西泡在河里水冲日晒的，日子一长，就变成这样了。"

蔡伦没有再说话，专心继续在水里摸。然后，将这些絮状物丢到河岸上。待它们干透后，蔡伦用一块帕子包起来揣在怀里。此时的蔡伦对于摸河螺已了无兴趣，他觉得冥冥中好像是命运在对他作出某种暗示和安排，至于这些絮状物对他而言到底意味着什么，他仍不清楚。不过他有一种预感，他觉得自己总有一天会彻底将它们弄明白，只是时机未到而已。

此时，太阳已经西沉。绯红的夕阳映在河面上，水面似乎也变成了红色。眼看那个摸河螺的中年男子上岸走了，他也该走了。

　　蔡伦起身，向停马车的地方望去，骑奴不知什么时候已经将马车套好，正站在那里等他。他不由得加快了步伐。

任尚方令

　　永元八年（96），汉和帝刘肇立阴贵人为皇后。同年冬，邓绥入掖庭为贵人。邓绥乃太傅邓禹孙女，护羌校尉邓训之女，母亲阴氏是光武帝皇后阴丽华堂弟之女。

　　永平九年（97），窦太后驾崩，汉和帝正式亲政。此时的蔡伦已十分厌倦宫廷中的权力争斗，他想发挥自己的专长，为国家真真切切地干点实事，可又苦于没有用武之地。

　　蔡伦好几次在尚方附近与郑众碰见，每次蔡伦都说自己是为宫里挑选器物。郑众何等精明，虽看破，却也不说破。偌大一个宫廷，也只有郑众一人看出了蔡伦的心思。

邓贵人入掖庭后，恭谦肃穆，小心谨慎，常常克己体下，即使是对待宫中的仆役，也都关爱有加。汉和帝对她的品行甚为嘉许，邓贵人生病的时候，特许她母亲和兄弟入宫服侍，而且不限定留在宫中的时间。邓贵人就央告汉和帝："宫廷乃严禁外戚久留之地，陛下如此偏袒，难免授人以柄，臣妾也会因此被人诟病。实在不妥！"汉和帝道："他人皆以入宫盘桓为荣，而你却反以为忧，实在是难能可贵！"

每有宴会，众妃嫔无不打扮得光彩照人，唯有邓贵人常穿素装，少有修饰。她一旦发现自己的衣服与阴皇后同色，就会即刻换掉。假若与阴皇后同时进见汉和帝，她则离位站立，从不正坐。走的时候也是弓着身形退出以示谦卑。若汉和帝同时向她和阴皇后发问，邓贵人常迟疑而后才作应答，决不会在阴皇后之前争着发言。

有一次，汉和帝卧病在床，情况危重。阴皇后暗中放话："我若是能够得意，决不会让邓家人留下一个活口！"邓贵人听到这番话后，垂泪道："我如此全心全意地侍奉皇后，她不但不领会这情意，还要置我全家于死地。不如现在就让我跟随皇上而去，以报皇上的大恩，化解家族的灾祸。"说完，邓贵人欲服毒自杀。她的身边有个叫赵玉的宫人急忙扑上前去阻止，并谎称道："刚才宫里有人来报，皇上的病已经好了。"邓贵人这才作罢。巧合的是，次日，汉和帝果然病愈。

永元十四年（102），眼看邓贵人的德望一天天高涨，阴皇后心怀怨恨。这段时间，阴皇后的外祖母邓朱正好频繁往来于内宫，有人因此指控阴皇后和邓朱一起行祝诅之术，诅咒邓贵人。汉和帝让中常侍张慎与尚书陈褒审讯核实，张、陈二人以"大逆不道"的罪名对阴皇后进行弹劾。六月，汉和帝废黜阴氏的皇后之位。邓贵人多次为阴皇后向汉和帝求情，皆未成功。这年秋天，汉和帝准允班固的妹妹班超的奏请，将西域都护、定远侯班固从遥远的边关召回。班超于八月抵达雒阳，被任命为射声校尉，九月即病逝在任上。

冬天，汉和帝下诏立邓贵人为皇后。永元十五年（103），年仅二十三岁的阴氏忧郁而死。不久，汉和帝念郑众功劳卓著，首次打破常规，将大长秋郑众封为鄛乡侯，食邑一千五百户。

这天，邓皇后向鄛乡侯郑众打听道："本宫想挑选一位德才兼备之人，以协助本宫管理六宫。鄛乡侯乃宫中资历最深之人，也最是识人，可有合适的人选推荐给本宫？"郑众认为蔡伦的机会来了，便向邓皇后举荐道："中常侍蔡伦见识超凡又勤谨于事，可堪重用。"

邓皇后对蔡伦自然是早有耳闻，但因其此前侍奉过窦皇后，又主审过宋贵人一案，故心存顾忌。郑众见邓皇后有点犹豫，便直言道："蔡伦虽曾侍奉过窦皇后，却洁身自好，忠心为国，凡事皆以大局为重，臣可为之担保。"

郑众是皇上身边的红人，深得皇上信任，邓皇后对他的话自然也是深信不疑，便接受了他的举荐，当即命身边的侍从宣蔡伦来见。

蔡伦对邓皇后的所作所为向来颇为欣赏，再加上又是鄛乡侯的举荐，自然愿意。

自从蔡伦来到邓皇后身边，凡是邓皇后交代的事情他无不尽职尽责。这段时间汉和帝多次失去皇子，邓皇后屡次挑选才人进献给汉和帝，以绵延子嗣，但仍担心继嗣无人，常垂泪叹息。

蔡伦向邓皇后建议道："为江山社稷计，殿下当早作打算。依臣之见，可将皇子秘密养在民间，待朝廷需要，再适时接回宫中。"

邓皇后认为蔡伦所言极是，便将此事托付给蔡伦。

不久，负责宫内御用器物以及制作坊的尚方令病逝。邓皇后一时找不到接任的人选，正一筹莫展之际，郑众对邓皇后道："最合适的人选就在殿下的身边啊。"

邓皇后不解，问道："是谁呢？"

郑众答道："皇后殿下，这尚方令一职，非中常侍蔡伦莫属。"

真是一语惊醒梦中人。邓皇后当即差人找来蔡伦，问他是否愿意兼任尚方令。蔡伦闻言内心狂喜，拜谢道："多谢皇后殿下，臣万分愿意！"

尚方令这个职位对于蔡伦而言，可谓是意义非凡。他似乎天生就应该属于这里，更何况这原本就是他少年时的梦想，这个梦想一旦有希望变为现实，他便一刻也不想耽搁。

蔡伦进入尚方的第一天，就一头扎进资料馆藏室，这才是他真正梦寐以求的地方。馆藏室里珍藏着历代各种器物的图样、制作方法和工艺流程，如钟、鼎、壶、车舆、鞍鞯、床榻、伞扇、剑、弩、金银玉器等物，十分详尽。

　　尚方的官员和匠人们见新来的尚方令连续数日都待在馆藏室里，私底下议论纷纷，无不怀疑蔡伦的能力。

　　经过一段时间的学习和揣摩之后，蔡伦将自己画的草图拿到众人的面前。蔡伦认为当务之急是要对剑和弩进行改良，因为关系到边关将士的安危和作战的成败。见众人半信半疑，蔡伦当场将自己的思路一一道来，他每句话都说到了要害。众人听了，无不信服。

改良装备

尚方负责制作的物品种类繁多，蔡伦每天都要亲自前往制作坊监管。他要求做事的奴仆严格按照事先设定好的工艺进行操作，每道工序都马虎不得，只要其中某一道工序稍有疏忽就会功亏一篑，所以务必做到精工坚密。凡发现偷工减料的现象，绝不姑息。这些奴仆此前大多为囚徒，以劳役抵罪才分到尚方制作坊，平时都不太服从管教。自从蔡伦任尚方令后，一个个皆不敢造次。

邓皇后见尚方送来的器物果然比以往的更为精美，实用性和耐用性也大有改善，对自己选任的这个尚方令甚为满意，多次在汉和帝面前称赞蔡伦。

这天早朝，尚书陈褒出列上奏道："皇上，自班固去世后，蛮夷叛逆之心复燃。我朝将士戍守边关数年，如今弓弩陈旧，甲胄不整，而蛮夷的骑兵甚是凶猛剽悍，只怕难以抗衡。一想到边关难定，臣等无不日夜忧心。"

汉和帝当即下令，传尚方令蔡伦上殿。

蔡伦知道皇上召见一定是因为边关战事告急，便带着两名侍从来到殿前。两名侍从一人持剑，一人持弩，蔡伦叫二人在殿门外候着，然后独自上殿。

群臣正在就边关的事情议论纷纷，听见宣蔡伦上殿，便都安静下来。群臣对这个新尚方令的能力多少都有所耳闻。因蔡伦是宦官出身，又为邓皇后所倚重，私底下质疑他的人也不少。

汉和帝问蔡伦："朕常听皇后提起尚方令，说尚方令精于制作。如今我朝将士在边关御敌，缺剑少弩，尚方令可有准备？"

蔡伦道："回皇上，事关我朝安危，臣不敢怠慢。请允许侍从上殿。"

汉和帝令人宣侍从上殿。其中一位侍从呈上一柄宝剑。汉和帝接过，当众缓缓拔出宝剑。只见一道寒光随着剑鞘的抽离而闪现游移，直至剑尖。剑身花纹细凿，图纹清晰，一面刻有腾飞的蛟龙，一面刻有振翅的凤凰。应天象之形，纹饰上还饰有北斗七星。

"好剑！"众人异口同声赞道。

汉和帝手执宝剑把玩良久，边看边点头。

蔡伦道："回陛下，此剑为精钢所铸，锋利无比，然造价昂贵。臣命尚方正在赶制一种戈矛，乃装备军队的上乘之选。另外，目前我军所用之弩，有用双臂拉开的擘张弩和用脚踏的蹶张弩两种。臣所在的尚方正在改良一种黄肩弩，此弩可达十石。西汉名将李广曾持大黄弩射敌，射程可达四百步，臣等改良的黄肩弩可达六百步。这种黄肩弩日前已经试射完毕，正在抓紧赶工，不久即可装备。"

"六百步！"朝臣一阵惊叹。

蔡伦又叫另一位侍从将所带的黄肩弩呈上。

蔡伦道："此弩可十矢连发。臣等在'望山'（瞄准器）上添加了用于测距瞄准的刻度，命中率大为提升。臣等还将改良一种特大型床弩，其射程可达千步。"

汉和帝听了蔡伦的话，甚是振奋。

"好！"汉和帝听了甚是振奋，他环视群臣道："此言甚慰朕心，还请尚方令督促制作坊日夜赶工，尽早运往边城，以彰我军威。"

蔡伦道："臣定不负皇上所托。"

朝臣们也齐声道："有此等利器，何愁边关不定。真是天佑我朝！"

回到尚方后，蔡伦对制作坊进行紧急调整。在他的带领下，制作坊里灯火通明，工匠们夜以继日赶工。戈矛、弓弩、甲胄等武器一批批从这里运抵边城。

因运送的路途过于遥远，为防止过度颠簸，蔡伦让工匠们去库房找来一种糙纸。这种糙纸在西汉时就有了，因其比较厚实，表面又十分粗糙，由乱麻、线头等纤维堆积而成，根本无法进行书写，平时多用于包装和衬垫物品。蔡伦吩咐把这种糙纸铺在木箱中，将装载物资一层层隔开。这样一来，当这些物资抵达时，因免于碰撞和挤压而完好无损。

这天，蔡伦因劳累过度而卧病在床。邓皇后得知后，特命专为自己看病的太医为蔡伦诊治。

在养病期间，蔡伦无意中摸到枕头下有一包东西，这才想起是那次休沐日自己从河边带回来的絮状物。当时回来后，他随手放在枕头底下，不想竟然忘了。这次又看到时，蔡伦突然想起前不久用来衬垫物品的糙纸。他把糙纸细细拆分，其中的用料竟然和他带回来的絮状物有几分相似，蔡伦不由得心里一动。他记得这种糙纸并非由尚方制作，而是因价钱便宜，由尚方根据需要从民间采购而来。蔡伦回想自己在馆藏室研读的那些日子，他曾翻遍几乎所有的书简，也没有找到关于这种糙纸的记述。

蔡伦当即叫侍从把负责采购和管理糙纸的小吏找来。小吏因上次收了卖家十两银子的贿赂，以为是尚方令抓到了自己的把柄，听到传唤后心里甚是忐忑。他战战兢兢来到蔡伦的病榻前，低着头，不敢看蔡伦。

"你可知这种糙纸是怎么制成的？"蔡伦直截了当地问道。

小吏浑身一哆嗦，赶紧答道："禀告尚……尚方令，下官……下官不知。"

"抬起头来，"蔡伦道："我且问你，这糙纸从何处购来？"

小吏抬起头答道："购……购自城南的……一家小作坊。"

蔡伦一翻身从床上爬起来道："去城南！"

小吏惊愕得张大了嘴巴："您……您的病……"

蔡伦此时仿佛服了比太医的药更为灵验的药，突然感觉身子一轻，一点也不像得病的样子。"已然无恙。"蔡伦一边说着一边下床穿好衣服，径自向门外走去。走到门口，回头见小吏还愣在那里，便大声喊道："在前面带路！"

小吏猛然回过神来，慌忙跟着蔡伦上了马车。

一路上，小吏忍不住小心翼翼地问道："尚方令为何突然对这种糙纸这么感兴趣？"

"若是这种糙纸能变得又轻又薄就好了。"蔡伦像是回答又像是自言自语。

小吏颇为不解地问道："这种糙纸用来衬垫物品正好，为何要让它变得又轻又薄？"

蔡伦脱口而出道："倘若是用来写字呢？"

说出这句话时，连蔡伦自己也吓了一跳，若真能制造出一种又轻又薄的纸用来写字，那该是一幅怎样的图景。

小吏一愣之后，失声叫道："下官可是闻所未闻。只怕……"

蔡伦见小吏连连摇头，一副决然不敢相信的样子，便微微一笑，也不多言。小吏发现尚方令并无追究他收受贿赂的意思，也暗暗放下心来。

城南的作坊甚是简陋，共三间土坯房，一间堆满各种树皮和杂物，一间堆着刚刚切割成型的糙纸，最大的那间土坯房正中央有一口咕噜噜冒着气泡的长方形水池，一位老者和几个年轻后生拿着粗大的木棒在池里用力搅动，水池黑乎乎的，散发着极为难闻的气味。

蔡伦问老者："可否有办法将这种糙纸变得又轻又薄？"

老者很不可思议地看着蔡伦道："老夫哪有那个能耐。不只是老夫做不到，只怕普天之下也没人能够做到。"

小吏见蔡伦有几分失望，于是建议道："尚书令不妨回去问问制作坊的工匠们，说不定能找到改良的法子。"

蔡伦认为小吏说得有理，只好打道回府。

天色渐暗，蔡伦闭着眼睛坐在马车里，小吏以为他是因为太累睡着了，便一路无话。其实，此时的蔡伦哪里睡得着，他一旦心里有放不下的事情，就会一直清醒。

造纸有术

回到尚方后，蔡伦逐一询问制作坊的工匠们，能否将粗糙的纸变得轻薄易书写，这些身怀绝技的工匠竟也想不出好的办法。身边的一位侍从提醒道："尚方令何不到东观去找找？奴婢曾在东观当过几天差，那里的书简浩如烟海，说不定就有尚方令想找的东西。"

东观位于洛阳南宫，建筑高大华丽，最上层高阁有十二间，殿阁簇拥相望，绿树成荫、环境幽雅，是宫廷专门用来贮藏档案、典籍和从事校书、著述的所在。蔡伦也曾多次去过，主要是受命查找一些资料。在他的印象中，实用类的资料极为少见。

不出所料，蔡伦在东观翻找了几乎所有的文献，也没能找到与造纸相关的记述。

从城南的作坊回来后已有数日，那位老者的话一直深深地刺激着蔡伦。他虽忧心如焚，却百思不得其解。此时，他的心里只有一个念头，那就是用改良之后的纸代替现在的竹简和缣帛，这个念头是如此顽固，就像一只铁手，死死抓住了他。可怎样才能将这个念头付诸行动呢？蔡伦决定亲自动手，先从手中的这团絮状物开始。

蔡伦吩咐工匠们搬来四口大缸，在缸里注满水，然后将麻布、渔网、敝布、树皮分别放进四个大缸中浸泡，派专人每隔一段时间观察一次水中的变化，并一一记录下来。

日子一天天过去，可水缸里的变化极其缓慢。蔡伦心想，有没有什么办法能加快这种变化呢？他先是找人将这些水缸中的材料取出来，用刀切碎，再重新放入缸中，并在缸中加入草木灰或生石灰。没过多久，效果就显现出来了。材料中的杂质加速腐烂，而不易腐烂的纤维得以保留下来，变成絮状。

蔡伦给四口大缸注满水，然后将麻布、渔网、敝布、树皮分别浸泡，再派专人观察记录水中的变化。

接下来，如何才能让这些絮状纤维变成纸呢？

蔡伦经反复揣摩后得出一个结论，若想将这些纤维制作成纸，唯一的办法就是先将纤维变成糊状。蔡伦想到自己年幼时，母亲经常将地瓜煮熟、捣烂，然后在面板上摊成薄薄的一张，放在太阳下晾晒，然后一张张叠好贮存起来，作为过冬的干粮。想到这里，蔡伦猛地一拍大腿，赶紧叫工匠开炉生火，将水缸里打捞出来的纤维放入锅中蒸煮。

锅中的纤维被蒸软后，蔡伦又吩咐工匠们将其放入石臼中舂打，使之成为糊状。走到这一步，蔡伦感觉自己离成功已经不远了，工匠们一个个也是信心满满。其中一个工匠迫不及待地将这种糊状的纤维在面板上摊开，然后进行晾晒，以为这样就可以大功告成，结果事与愿违。这样晾晒出来的"纸"比城南那家作坊制作出来的糙纸好不了多少。

经过仔细分析，蔡伦发觉糊状纤维密度过大，还得进行一道十分关键的工序，那就是将糊打成浆。为把握浆的浓度，蔡伦提取一些糊状物放入适量的水中反复进行搅拌，这是决定纸张轻薄的关键。

尚方的制作坊里，灯火经常彻夜无眠。经过无数次试验，蔡伦终于掌握了糊状物和水的最佳比例。在蔡伦的精心指导下，打浆顺利完成。

眼看离制作成纸只有一步之遥了，可如何才能让打成的浆变成自己想要的纸呢？这一步看似简单，其实却是最难的。为此，蔡伦食不甘味，夜不安枕。他试过无数种方法，却没有一种方法能制作出轻薄、均匀的纸。

有一天，蔡伦因事出宫，在经过一家面馆时，他看见店主将刚刚做好的面条挂在竹片上，不由得灵机一动，倘若将打好的浆用竹篾挑起来，不仅可以很快滤干其中的水分，还可以利用自然的下坠力进行拉伸，这样不就可以制作出既轻薄又均匀的纸吗？想到这里，蔡伦内心狂喜，然后转头直奔尚方制作坊。

果然如蔡伦所料，打好的浆用竹篾挑起来后，放置一段时间，然后再贴到面板上晾晒。待干透后，就成了一张张柔韧、轻薄而又均匀的纸。

由于用的原材料不一样，制作出来的纸质和色泽也不太一样。为了进行区分，蔡伦将以树皮为材料制成的纸称作榖（gǔ）纸，用渔网制作的称作网纸，用麻布制作的则称作麻纸。

纸张制作出来后，蔡伦先和工匠们在纸上进行书写，然后依据纸张吸墨的强弱程度，在制作时进一步改良纸张的纤维密度，直到造出最令人满意的纸。

元兴元年（105）的一天，蔡伦带着第一批改良的纸去御书房面见汉和帝。

汉和帝正在批阅大臣们上报的奏章。蔡伦刚走到御书房的门口，就听到哗啦啦一阵巨响。原来因书简垒得过高，汉和帝在抽取其中一份书简时，其他的书简一下子塌了下来，滚落一地。在旁伺候的宦官慌忙将地上的书简一一捡起来，再仔细码放好，这一次不敢码得太高。

看到这一幕，蔡伦的心里一闪念，有了自己改良的纸，这种情况只怕是以后再也不会出现了。

蔡伦紧走几步来到汉和帝跟前道："臣拜见陛下。"

汉和帝看了蔡伦一眼道："朕听说尚书令有要

事要奏，不知是何等要事？"

蔡伦将纸双手奉上说："臣改良了一种纸，此纸质地轻薄便于书写，特请陛下一试。"

汉和帝看了看蔡伦呈上来的纸，有点不敢相信自己的眼睛。这些纸有的雪白，有的是淡黄色，用手一摸，纸质均匀，果然是又薄又轻，便将其中一张铺在龙案上，用批阅奏章的朱笔在纸上写起来。

汉和帝一下笔，墨水随着笔锋在纸上游走，甚是流利顺畅，不禁赞不绝口："甚好，甚好！"

"尚书令改良的纸，果然甚合朕的心意，快跟朕说说，这么好的纸是如何造出来的。"

蔡伦将自己如何选取材料，再通过浸泡、沤煮、打浆、悬浮、抄造、定型、干燥、剪切等一整套制纸工艺详细道来。

汉和帝听了十分满意，连声道："赏，赏！朕不但要好好赏赐你，还要让全天下人都能用上这种纸。"

蔡伦道："臣不敢一人居功，此乃臣和尚方众匠人共同制作，这些纸才会出现在陛下的面前。"

汉和帝笑道："朕这就下诏，一律论功行赏。"

蔡伦道："臣拜谢陛下。"

从御书房出来后，蔡伦一刻也没有耽搁，他令尚书制作坊连夜赶工造纸。

从此，经蔡伦改良的纸渐渐替代了竹简和缣帛，先是经汉和帝在官府推行，随之风行于世。蔡伦的造纸术成为中国古代"四大发明"之一。

身居高位

　　元兴元年（105）十二月二十二日，汉和帝在章德前殿驾崩。因汉和帝事先没有立下遗诏，邓皇后当即和众臣商讨对策。蔡伦和郑众提议先封锁消息，速将皇子接回。邓皇后采纳了两人的提议。

　　此前，朝臣中无人知晓汉和帝还有儿子被秘密养在民间，一时议论纷纷。为防止事态有变，蔡伦当机立断，提醒邓皇后命令宫中卫士严守章德殿，任何人未经皇后允许不得出入。随后，蔡伦连夜出宫将两位皇子接回。

　　因长子刘胜身患疾病，幼子刘隆出生才一百多天。邓皇后决定收养刘隆，并立刘隆为皇太子，当夜即皇帝位，为汉安帝。邓皇后被尊称为皇太后，临朝摄政。朝臣们见事已至此，莫敢不从。

王朝顺利过渡，蔡伦功不可没。邓太后从此对蔡伦更为倚重，凡事都喜欢和他商量。

汉和帝生前有一个宠臣名叫吉成，常侍候其左右，汉和帝驾崩后，宫中的一些侍从出于忌恨，一同诬告吉成施用巫蛊害人。吉成被交付掖庭进行审讯，在审讯期间，诬告他的侍从捏造了所有证据，在严刑拷打之下，吉成只好承认，并在供词上画押。

蔡伦听说此事后，找邓太后为他求情。蔡伦道："臣了解吉成的为人，他服侍先帝多年，从未出过差池，也从未在背后搬弄是非，故而深得先帝信任，这样的人又怎会行巫蛊之术去害人？如今先帝刚去，就有人欲置其于死地，这其中实情，太后不可不察。"

邓太后认为蔡伦说得很有道理，便下令传见吉成，由自己亲自审问。

果然如蔡伦所料，经过仔细核查，吉成一案完全出自某些侍从的陷害。吉成因此被无罪释放，并继续留在宫中，而那些诬告他的侍从都得到了应有的惩戒。此事很快传遍宫中，众人无不认为太后圣明。

延平元年（106）三月，清河王刘庆、济北王刘寿、河间王刘开、常山王刘章前往各自的封国。邓太后担心刘隆年幼体弱，恐有不测，便征询郑众和蔡伦的意见。蔡伦想了想道："清河王刘庆之子刘祜（hù）今年十三岁，太后何不将刘祜和他的嫡母耿姬留下，将他们母子安排在清河国设于京城的官邸，以防不测。"

郑众闻言一惊，他没想到蔡伦会建议将刘祜留下，刚想出言阻止，话到嘴边又咽了回去。郑众心里清楚，若刘隆有什么不测，能继承大统的人选只有两个，一个是刘胜，另一个就是刘祜，而刘胜身患顽疾，只有刘祜才是最合适的人选。若是刘祜将来登基，宋贵人之死就会翻案，这对蔡伦将十分不利，蔡伦在说这番话时，应该知道这其中所隐含的风险。这个时候，蔡伦仍如此建议，足以说明他最看重的是朝中大局，在大局面前，他可以全然不顾个人的安危。

想到这里，郑众不由得暗自钦佩，他也表示赞同道："太后殿下，尚方令所言，臣没有异议。"

蔡伦的话也十分契合邓太后的心意。此后，邓太后便对刘庆格外优待，礼遇超过其他亲王。当邓太后将这一想法告之刘庆时，刘庆感念太后的恩德，毫不犹豫就答应太后将儿子刘祜和耿姬留在京城。

同年八月，不到两岁的殇帝刘隆驾崩，他是中国历史上继位年龄最小的皇帝，也是中国历史上寿命最短的皇帝。刘隆入殓后，灵柩停放在崇德前殿。邓太后召集哥哥车骑将军邓骘（zhì）、虎贲中郎将邓悝（kuī）及蔡伦到宫中商议，当场确定刘祜为继位人选。

当晚，由郑众和蔡伦等人起草诏命，邓骘则手执符节，用已封王的皇子才能乘坐的青盖车将清河王刘庆的儿子刘祜接入宫中，在殿内斋戒。文武百官皆穿吉服，陪同邓太后登上崇德殿，刘祜被引导入殿，邓太后先将他封为长安侯，随即又下诏，将刘祜立为汉和帝的后嗣，紧接着又颁布册立刘祜为皇帝的诏命。刘祜继位，是为汉安帝。邓太后仍临朝摄政。

此事很快引起朝臣们的不满，他们认为刘胜虽身患顽疾，但并非不可治愈，而刘胜乃汉和帝亲生，殇帝刘隆驾崩后当由刘胜继任。邓太后之所以立刘祜也并非没有私心，她担心当初汉和帝驾崩后自己没立刘胜，刘胜定然怀恨在心，若这次立了刘胜，他得势后难免会对自己进行报复。

新上任的司空周章先是进言劝谏，指责大长秋郑众和中常侍蔡伦干预朝政应予以严惩，结果被邓太后驳回。周章认为此时朝臣们与邓太后已离心离德，于是密谋政变。

这天，周章和朝臣们谋划先关闭宫门诛杀邓骘兄弟，然后胁迫尚书拟诏罢黜邓太后，将其软禁于南宫，新继位的汉安帝则被贬到遥远的封国为王，平原王刘胜被召回立为皇帝。郑众得到密报后，急忙找蔡伦和邓太后一起商议对策。

郑众道："太后，前不久，司空周章在朝中公然指责臣和尚方令，实则是对太后心怀不满，其不臣之心早已昭然，此番密谋政变，太后应早作决断，以除大患。"

蔡伦也向邓太后进言道："太后殿下，鄥乡侯所虑甚是。周章企图煽动朝臣意欲谋反，然新王初立，此事不宜大动干戈，恐牵涉过广而动摇国本。臣以为，太后可先发制人，只需遣车骑将军邓骘速带太后手谕前往周章府上，将其拿下即可。"

郑众道："尚方令言之有理，周章一旦伏诛，其他人不足为患。"

邓太后采纳了郑众和蔡伦的建议，命邓骘带兵连夜捉拿周章。

周章在府中正准备歇息，忽闻府外人喊马嘶。正准备出门察看，就有府丁来报，带兵包围司空府的正是车骑将军邓骘。至此，周章知道事情已经败露。他不等邓骘进府传达太后手谕就自杀身亡。

周章一自杀，他事先的谋划也就瞬间土崩瓦解了，朝臣唯恐受到牵连，一时人人自危。好在邓太后听了蔡伦的话，没有再追究此事。如此一来，凡参与谋划而未受株连的朝臣皆对邓太后感恩戴德，凡邓太后所令之事，莫不卖力为之。

监管修史

永初四年（110）的一天，邓太后在长乐宫宣见蔡伦。

蔡伦进宫后见邓太后的案前堆满了书简，其中有的书简像是刚刚翻阅过，尚未合上。邓太后指了指这些书简问蔡伦道："中常侍可还记得这部《世祖本纪》？"

蔡伦道："臣记得明帝在位时，班固私撰《汉书》，明帝阅后甚为欣赏，升其为典校秘书。之后又让班固和睢阳令陈宗、长陵令尹敏、司隶从事孟异等人于兰台共同撰成《世祖本纪》，又撰功臣、平林、新市、公孙述事迹，作列传、载记共二十八篇。"

邓太后边听边点头道："本宫记得，明帝继位时，史学与经学得以推崇，相较于光武帝时期，我朝目前的状况也大有好转。"

蔡伦一下听出了邓太后的言外之意，忙道："太后是否想重修此书？"

邓太后道："正是，不知中常待以为如何？"

蔡伦喜出望外道："太后此举正本溯源，功在千秋，臣莫不拥戴。"

邓太后遂诏令通儒谒者仆射刘珍与谏议大夫李尤、刘騊（táo）駼（tú）、刘毅及五经博士于东观校定五经、诸子、传记，特命蔡伦监典其事。

刘珍等人领命后，计划不限于名臣列士，还包括纪、表、名臣、节士、儒林、外戚等传，时间起自光武帝建武年间，终于安帝永初时期。

蔡伦受命监管此事，自然不敢懈怠，每天早早来到东观，对已经完成的章节内容进行审读，并提出修改意见。

元初元年（114），邓太后念蔡伦辅佐皇室劳苦功高，封他为龙亭侯，食邑三百户。蔡伦封侯后不久，又任长乐太仆。长乐太仆与长乐卫尉、长乐少府，合称为太后三卿。

元初二年（115），参与东观修史的校书郎中马融作《广成颂》。马融乃将作大匠马严之子，东汉名将马援之孙。大将军邓骘曾经听闻马融的名声，曾召他任舍人，马融却因不喜欢此职，而没有应命，宁愿客居于凉州的武都、汉阳二郡。当时羌人突起，经常扰乱边境，导致当地米价飞涨。自函谷关以西，有不少难民饿死于道途。马融也身处困境，为自己曾拒绝过邓骘而深感后悔。他对朋友说："古人有言'左手据天下之图，右手刎其喉，愚夫不为。'生才是天底下最可贵的。现在为了怕人耻笑，自己的身体却受到如此摧残，岂不违背了老庄之道?！"因此决定应邓骘的征召出仕洛阳。

蔡伦原以为马融的这篇《广成颂》与当年班固作的《东都赋》一样，会极尽赞美之词，仔细读后才知马融的《广成颂》看似赞美，实则是在讽谏朝廷，心里不由得吃了一惊。

广成指的是广成苑。在西汉时期，汝州有一处皇家狩猎场叫广成泽，深受帝王喜爱，每年都会安排到此狩猎，后来此地被称作广成苑。《广成颂》对曾经作为皇家御苑的广成苑大为赞叹："是以大汉之初基也，宅兹天邑，总风雨之会，交阴阳之和。揆厥灵囿，营于南郊。"赞叹之余，马融又忧心忡忡："方今大汉收功于道德之林，致获于仁义之渊，忽蒐（sōu）狩之礼，阙槃虞之佃。闇（àn）昧不睹日月之光，聋昏不闻雷霆之震，于今十二年，为日久矣。"

在蔡伦看来，马融暗中讽谏的正是邓太后掌权时期出现的现象。朝堂许多官员虽饱读诗书，却观念陈腐、目光短浅，认为"文德可兴，武功宜废"。汉安帝还在永初二年（108）下令，先是将皇家御用的广成苑租借给贫民垦种度荒，后来干脆将能垦之地赠予贫民。这一举措看上去有利于民生，但从另一方面看，也能感受到执政者"弃武从文"的治国理念。皇家停止田猎，废弛了兵法战法，结果导致奸猾之徒有机可乘。马融为此十分痛心，也为国家的安危担忧。他认为，自古以来圣贤对于文武之道，都是极为重视的，金、木、水、火、土五行，人们也总是将五行并用，怎么能不讲武功任其偏废呢？

经历过宦海沉沉浮浮的蔡伦知道，像《广成颂》这样的文章自然是邓太后所不愿意看到的。若因此触怒太后，后果将不堪设想。

蔡伦见东观的五经博士都在传阅马融的《广成颂》，便找到马融，劝他将传播出去的《广成颂》悉数收回，以免惹祸上身。

当邓太后向蔡伦问询东观修史之事时，蔡伦对修史进展一一道来，唯独不提马融的《广成颂》。邓太后听完后略有所思，随即突然对蔡伦道："本宫最近读到一篇文章，龙亭侯不妨也读一读。"

邓太后说完，叫身边的侍从将文章拿来。蔡伦一看，正是马融的《广成颂》。

蔡伦原本出于保护马融，故有意未将《广成颂》的事情向邓太后禀报，没想到邓太后已然读过，他这才知道马融并没有听从自己的劝告。

无奈之下，蔡伦道："马融的《广成颂》虽有所指，倒也不失其忠贞爱国之心……"

邓太后冷冷地哼了一声，打断蔡伦道："若真如龙亭侯所说也就罢了，依本宫看来，这个马融分明是对当今朝廷不满，只怕是别有用心。"

邓太后的话让蔡伦脊背一凉，马融若是因此被邓太后视为对朝廷怀有异心，那可是杀头之罪，甚至还会牵连无辜。想到马融的死活全在于邓太后的一念之间，蔡伦赶紧道："请太后息怒，臣受命于东观监管不力，乃臣之错。臣与马融相识已久，深知其品性纯良。臣以性命担保，马融对朝廷绝无异心。还望太后明察！"

邓太后看了看蔡伦，思忖良久，然后挥了挥手道："罢了，罢了。本宫自然是相信龙亭侯，此事就不再深究。至于这个马融，他不是能写吗？就让他老老实实待在东观。不过，十年内不得升迁，以示惩戒。"

蔡伦闻言，这才松了一口气："臣谢太后宽宥！"

不久，马融又因侄子去世请罪归家而惹恼了邓太后，邓太后认为马融不遵从朝廷的命令，想回到州郡去做官，于是下令禁止马融为官。

《汉记》历经数年校订完成后，蔡伦让博士们用自己改良的纸张抄写，颁发给全国各地，从而形成用纸传播儒家经典的一次高潮，也促进了纸张的大量应用。

服毒自尽

　　建光元年（121），邓太后因病去世，汉安帝刘祜亲政。蔡伦知道，属于自己的时日已经不多了。

　　当年，窦皇后为了废太子刘庆，将宋贵人诬陷致死。尽管事件的幕后元凶是窦皇后，蔡伦当时迫于窦皇后的权势，无意中成了陷害宋贵人的帮凶，更何况宋贵人自尽于狱中之前是由他主审。无论如何，这件事蔡伦都脱不了干系。

　　其实蔡伦心里比谁都清楚，汉安帝身为废太子刘庆的儿子，对其祖母宋贵人之死焉能不闻不问？邓太后一死，汉安帝自然会翻出旧账。就算汉安帝自己不提，那些别有用心的朝臣和宗亲们也会提醒他。到那时，他蔡伦纵然有一百张嘴，也难逃厄运。

三月二十八日，汉安帝将生父、清河王刘庆追尊为孝德皇，生母左氏为孝德后，祖母宋贵人为敬隐后。并颁下诏命，命廷尉彻底追查当年的旧案。

这天，龙亭侯蔡伦告假在家。还是像往常一样，他叫骑奴套好马车在府外候着。然后褪去长袍，穿一身白色裒衣，独自提着剑来到前庭。这里刚刚被杂役清扫出来，除了几棵浓荫如盖的木槿树和几条石凳，偌大的前庭显得空空荡荡。这一次，蔡伦舞剑很慢，仿佛手中的这柄剑重若千钧。

蔡伦一边舞剑，一边想起听到宋贵人死于狱中的那天。那时的他还只是一个小黄门，同样是舞剑，因心中的积郁急于想发泄出来，将一柄剑舞得虎虎生风，剑锋所指，无不寒气逼人。可此时，他虽贵为龙亭侯，却已被宫中的时光消磨得失去了那份心气。若鄡乡侯还在世就好了，蔡伦还清晰地记得，郑众仅通过一次舞剑就能洞悉他的内心，并适时地开解他，才有了两人后来的默契。可如今，他身边连一个说话的人都没有了。

想到这里，蔡伦的手腕一发力，手中的剑突然脱手坠地，发出一声锐响。

"应该快到了。"蔡伦从地上将剑拾起，自言自语道。

果然，蔡伦刚在石凳上坐下，就有侍从匆忙来报，朝廷的旨意到了。

前来宣读旨意的是一个新晋升的小黄门，蔡伦并不认识，但从那张尚显年轻的脸上，他仿佛又看到当年的自己，只是这个念头如电光火石般一闪就消散了。

小黄门传达的是汉安帝的诏命，汉安帝命蔡伦到廷尉处认罪。蔡伦在接过诏命的那一刻，心里反倒一下变得格外坦然。这一刻终于来了，为了这一刻的到来，他熬过了无数个辗转难眠的夜晚，也幻想过无数种面对这一刻的场景。出乎意料的是，这一刻却来得如此波澜不惊，既没有重兵封府，又没有廷尉亲自上门缉拿。只来了这样一个小黄门，小黄门的身边，连侍从都没有带一个。蔡伦明显感受到亲政后的汉安帝对他这个龙亭侯的轻视，他若是真的如诏命上所说的那样亲自去廷尉处领罪，就等于无须审理就成了陷害宋贵人的帮凶，到时无非是在廷尉处早已拟好的罪状上画个押，然后直接给他定罪。蔡伦几时受过这样的羞辱。但表面上他不动声色，接过诏命后，他让小黄门先回去复命，借口自己去换身衣服。

小黄门一走，蔡伦让前来服侍的侍从们全部退下，然后一个人径自回到房中。

此时的早春仍有几分寒凉，好在新阳普照。当蔡伦沐浴后穿戴整齐，灿烂的阳光正好从窗外投射进来，然后尾随着他来到书房，这是他这一生所能领受到的最后一丝温暖。

书架上的书跟随他多年，他早已烂熟于心。蔡伦先把剑插入剑鞘，然后放入剑椟之中。再凝视片刻，算是诀别。接着，蔡伦从檀木匣子里取出一个小纸包，将其中的药粉全部倒入水杯之中，然后轻轻地摇晃，看着药粉在水中慢慢化为无形。蔡伦神情专注，像是在尚方制作坊里做试验。待一切准备妥当，蔡伦在心里对自己说，这是他欠宋贵人的，现在到该还的时候了。

蔡伦一仰脖子，将杯中的药水一饮而尽。

蔡伦神情专注，像是在尚方制作坊里做试验。

药效发作得很快。蔡伦一边忍耐着腹中拉锯般的疼痛，一边回顾了自己极不寻常的一生。这一生不算长，也不算短，整整一个甲子。从耒阳的水井边到深宫掖庭，再到这龙亭侯府，他干了自己最不想干的事，也干了自己这一辈子最想干的事。蔡伦仍然清楚地记得入宫前的场景，吴学要他学郑兴之子郑众坚守正道以免惹祸上身，也让他结识了当时为小黄门的郑众，以求在宫中立足。如吴学所言，后来小黄门郑众真的成为他的良师益友。后郑众因长年守在边城一直无缘得见，但蔡伦一刻也没有忘记坚守正道。

这样的人生虽然不够完美，但蔡伦并没有感到遗憾。

在宫中，蔡伦见过太多的死亡。死不算什么，似乎天天都在发生，有的死得卑微，有的死得残忍，有的死得屈辱，还有的生不如死。死得毫无遗憾而又风风光光的人何其少也。能够把死牢牢掌握在自己手中的人，或许是幸福的，也是有尊严的。

骑奴在府外候了许久仍不见蔡侯出来，便托门口的侍卫进去询问。侍卫到蔡伦的书房时，惊骇地发现倒翻在地的杯盏，而蔡伦仰着头，倒在椅上，嘴角还有鲜血。面前的案牍上铺着他亲手改良过的纸，洁白如雪的纸上，虽不着一字，却有一团殷红赫然在目。侍卫上前一探鼻息，蔡伦已气绝身亡。

蔡伦的死讯很快传入宫中，汉安帝听闻后惊愕不已。他原以为蔡伦接到诏命后会自行去廷尉处领罪，却没想到他会当场自尽。汉安帝虽然恼怒，内心深处又不得不钦佩蔡伦的决绝。

蔡伦死后，他的封地被废除。

一代纸神，完成他为后世创下的伟业之后，却因宫廷争斗所带来的后果，不得不用鲜血在自己亲手改良的纸上给人生画上一个句号。

近两千年过去，无数个王朝在你争我斗中早已灰飞烟灭，由蔡伦改良的"蔡侯纸"在中国乃至世界的文明进程中却起到了巨大的推动作用。

蔡伦
生平简表

●◎**永平初年**（61或63）

蔡伦出生于桂阳郡耒阳县。

●◎**永平十八年**（75）

蔡伦经铁官推荐，入掖庭当差。

●◎**建初五年**（80）

蔡伦升为小黄门，监管宋贵人之事。

● ◎ 建初七年（82）

蔡伦被窦皇后利用陷害宋贵人，在蔡伦主审宋贵人案期间，宋氏姐妹在狱中自杀。

● ◎ 永元元年（89）

蔡伦升迁为中常侍。

● ◎ 永元九年（97）

蔡伦任尚方令，监作秘剑及诸器械。

● ◎ 元兴元年（105）

蔡伦改良造纸术获得成功。

● ◎ 永初四年（110）

汉安帝选拔谒者、博士、良史聚集于东观，校正各种典籍，派蔡伦监督此事。

●◎元初元年（114）

蔡伦被封为龙亭侯，食邑三百户。

●◎建光元年（121）

汉安帝亲政后，重提宋贵人旧案，令蔡伦到廷尉处认罪。蔡伦耻于受辱，沐浴后穿戴整齐，服毒而死。他的封地也随之被废除。